KB210621

마음에 감사의 기념비를 세우고

하나님과 사람들에게 감사의 마음을 가지면

그 혜택은 나 자신에게 돌아온다.

내 안의 감사가 나를 행복하게 만들기 때문이다.

나의 _____ 번째 감사 기록

Date _____ . _____ ~ _____ . _____

Name _____

153
감사노트

내 삶에 넘치는 하나님의 선물,
100일간의 감사 기록

이찬수 엮음

규장

선행하는 감사의 능력

오프라 윈프리는 미국에서 가장 영향력 있는 인물 중 한 사람이
지만, 그의 유년 시절은 암울함 그 자체였다. 온갖 고초를 다 겪
은 그가 끝내 좌절하지 않고 우뚝 설 수 있었던 비결에 대해 여러
분석이 있지만, 나는 그가 남긴 이 한 마디 안에 그 비결이 다 담
겨 있다고 생각한다.

"나는 '고맙습니다. 나는 진실로 복 받은 사람입니다'라고 말하
지 않고 지나간 날이 단 하루도 없다."

오프라 윈프리의 이 고백이 유난히 내 마음에 와닿는 이유는, 나
의 지나온 삶 역시 힘든 고비를 이겨낼 수 있었던 비결이 감사이
기 때문이다.

나는 '선행하는 감사'를 위해 몸부림쳤다. 모든 역경을 다 이겨낸
후에 하는 감사도 귀하지만 고난의 한가운데서 드리는 '선행하
는 감사'가 내 삶의 능력이었다.

이제 나의 남은 목회는 '감사목회'가 될 것이다. 감사의 능력을
전하는 것이 한국교회가 살 수 있는 비결 중 하나라고 확신하기
때문이다.

누군가 말했다.

"감사할 게 없다고요? 참기름 짜듯이 쥐어짜보세요. 생각지도 못한 감사한 일들이 떠오를 겁니다."

그 훈련을 위해서 《153 감사노트》를 만들었다. 이 감사노트가 한 인생을 바꾸어놓는 기적의 도구가 되기를 기도한다.

십계명의 원리처럼, 먼저 창조주 하나님께서 주신 은혜에 감사하고, 그리고 그 하나님께서 주신 일상에 감사하는 우리가 되기를 바란다.

> "별빛에 감사하는 자에게 달빛을 주시고, 달빛에 감사하는 자에게 햇빛을 주시고, 햇빛에 감사하는 자에게 영원히 지지 않는 주님의 은혜의 빛을 주신다." _찰스 스펄전

이찬수

"항상 기뻐하라 쉬지 말고 기도하라 범사에 감사하라 이것이 그리스도 예수 안에서 너희를 향하신 하나님의 뜻이니라" 살전 5:16-18

하나님의 뜻은 일상적이고 평범한 우리의 삶과 밀접한 관련이 있습니다. 우리의 일상에서 항상 기뻐하는 것, 쉬지 말고 기도하는 것, 범사에 감사하는 것이 우리를 향해 품으신 하나님의 뜻입니다. 하나님은 감사의 영역을 '범사'(凡事) 즉 모든 일이라고 말씀하십니다. 사실 모든 상황에서 감사하는 것은 쉽지 않습니다. 그러나 이것이 "그리스도 예수 안에서 우리를 향하신 하나님의 뜻"이라고 성경은 분명히 전하고 있습니다.

153 감사는 하나님의 뜻을 이루어가는 삶의 태도입니다.

1 ✔ 하루에 1번 하나님 말씀 묵상하기
5 ✔ 하루에 5가지 감사제목 적기
3 ✔ 하루에 3번 감사 표현하기

감사는 말씀과 함께 이루어져야 합니다. 그리고 그 감사는 표현되어야 합니다. 153 감사를 통해 요한복음 21장에서 제자들이 누렸던 물고기 153마리의 기적과 같은 풍성한 은혜가 우리 삶에 펼쳐질 것입니다.

'감사'에 대한 짧은 말씀, 글을 통해 '감사'를 생각해보세요.

01

감사로 제사를 드리는 자가 나를 영화롭게 하나니
그의 행위를 옳게 하는 자에게 내가 하나님의 구원을 보이리라 시 50:23

Date 2019 . 3 . 8 .

오늘의 감사

1 알람 소리에 기분 좋게 일어나서, 먼저 말씀 보고 기도하며
   하나님과 교제하게 하심에 감사합니다.

2 두 자녀가 씩씩하게 인사하고 등교하게 하심에 감사합니다.

3 점심때 만났던 친구가 나에게 고민을 털어놓고, 내가 예수님에 대해
   이야기할 수 있는 기회 주심에 감사합니다.

4 맑은 날씨 주셔서 저녁 먹고 가족들과 산책할 수 있게 하심에
   감사합니다.

5 일이 많아서 몸은 피곤하지만 마음만큼은 예수님 덕분에 행복하니
   참 감사합니다.

오늘 발견한
감사 제목
5가지를
기록하세요.

오늘의 153 체크!

1 ✓ 하루에 1번 말씀 묵상하기   5 ✓ 하루에 5가지 감사제목 적기   3 ✓ 하루에 3번 감사 표현하기

작은 것들에 감사하다 보니 마음속 기쁨이 커져가는 것을 느낀다.
내일 마주하게 될 '또 다른 감사'가 기대된다.

오늘 하루
1·5·3을
실천했다면
체크 표시
하세요.

기도나 묵상, 생각나는 것들을 자유롭게 적어보세요.

153
감사노트

01

감사로 제사를 드리는 자가 나를 영화롭게 하나니
그의 행위를 옳게 하는 자에게 내가 하나님의 구원을 보이리라 시 50:23

Date   .   .   .

오늘의 감사

1

2

3

4

5

오늘의 153 체크!

1 ☐ 하루에 1번 말씀 묵상하기	5 ☐ 하루에 5가지 감사제목 적기	3 ☐ 하루에 3번 감사 표현하기

하나님께 감사의 고백을 드리는 것은 하나님을 인정해드리는 것이며,
그것을 말로 선포하는 것이다.

Date   .   .   .

오늘의 감사

1 ....

   ....

2 ....

   ....

3 ....

   ....

4 ....

   ....

5 ....

   ....

오늘의 153 체크!

| 1 | 하루에 1번 말씀 묵상하기 | 5 | 하루에 5가지 감사제목 적기 | 3 | 하루에 3번 감사 표현하기 |

03

여호와께 감사하라 그는 선하시며 그 인자하심이 영원함이로다
시 136:1

오늘의 감사

1 ....
....

2 ....
....

3 ....
....

4 ....
....

5 ....
....

오늘의 153 체크!

1 ☐ 하루에 1번 말씀 묵상하기	5 ☐ 하루에 5가지 감사제목 적기	3 ☐ 하루에 3번 감사 표현하기

감사하는 마음을 갖고 그것을 표현하는 것은 영혼을 치유하고
건강하게 만든다. 토저

Date   .   .   .

오늘의 감사

1

2

3

4

5

오늘의 153 체크!

| 1 | 하루에 1번 말씀 묵상하기 | 5 | 하루에 5가지 감사제목 적기 | 3 | 하루에 3번 감사 표현하기 |

05 아침과 저녁마다 서서 여호와께 감사하고 찬송하며
대상 23:30

Date . . .

오늘의 감사

1

2

3

4

5

오늘의 153 체크!

| 1 | 하루에 1번 말씀 묵상하기 | 5 | 하루에 5가지 감사제목 적기 | 3 | 하루에 3번 감사 표현하기 |

감사의 기억이 사라지기 전에 그 감사를 표현하라.

06

오늘의 감사

1 ....

....

2 ....

....

3 ....

....

4 ....

....

5 ....

....

오늘의 153 체크!

| 1 | 하루에 1번 말씀 묵상하기 | 5 | 하루에 5가지 감사제목 적기 | 3 | 하루에 3번 감사 표현하기 |

07

우리 주 예수 그리스도로 말미암아
우리에게 승리를 주시는 하나님께 감사하노니 고전 15:57

Date   .   .   .

오늘의 감사

1 ....
   ....

2 ....
   ....

3 ....
   ....

4 ....
   ....

5 ....
   ....

오늘의 153 체크!

| 1 | 하루에 1번 말씀 묵상하기 | 5 | 하루에 5가지 감사제목 적기 | 3 | 하루에 3번 감사 표현하기 |

자족 훈련의 가장 좋은 도구는 감사노트를 쓰는 것이다.
서울 남부교도소의 수형자들이 감사노트를 쓰게 되었는데,
그 후 놀라운 일들이 일어났다고 한다.
수형자 중에 잘나가던 증권회사 사장님이 있었는데,
좌절감이 얼마나 컸는지 '모든 것이 다 사라졌다는 생각,
내 삶은 더 이상 아무 의미가 없다는 생각'에 사로잡혀 있었다.
그러던 분이 감사노트를 쓰면서 마음의 변화가 일어나기 시작했다.
"흙냄새를 맡고 흙을 밟을 수 있어서 감사합니다."
"매일 밥과 국이 뜨거워서 감사합니다."
우리 중에 매일 뜨거운 밥과 국을 먹는다고 감사하는 사람 있는가?
아마 없을 것이다. 훈련을 안 했기 때문이다.

징역 10년을 선고받은 어느 장기수는 원망과 불평이 심해
교도관들 사이에서도 골칫덩이였다고 한다.
"내가 감사할 게 어디 있느냐? 지금 나 놀리는 거냐?"고 따지던 그가
어느 날엔가 문득 이렇게 적었다고 한다.
"오늘 주임이 번호가 아니라 ○○야 하고 내 이름을 불러줘서 감사했다."
이렇게 써놓고 자꾸 읽어보니 정말 감사한 일이라는 생각이 들었다고 한다.
그러자 그다음부터 감사할 거리가 보이기 시작했는데,
어떤 날에는 20개 넘게 적은 날도 있었다고 한다.
그가 적은 감사거리 중에 이런 내용이 있었다.
"창문 한 귀퉁이로 달을 볼 수 있어서 감사하다."

08

너희는 여호와께 감사하며 그의 이름을 불러 아뢰며
그가 행하신 일을 만민 중에 알릴지어다 대상 16:8

Date   .   .   .

오늘의 감사

1

2

3

4

5

오늘의 153 체크!

| 1 | 하루에 1번 말씀 묵상하기 | 5 | 하루에 5가지 감사제목 적기 | 3 | 하루에 3번 감사 표현하기 |

하나님이 원하시는 감사는 마음에서 작동되고 끝나는 감정이 아니라
그것을 끄집어내어 입술로 표현하는 것까지이다.

09

Date   .   .   .

오늘의 감사

1

2

3

4

5

오늘의 153 체크!

1	하루에 1번 말씀 묵상하기	5	하루에 5가지 감사제목 적기	3	하루에 3번 감사 표현하기

10

주께서 내게 응답하시고 나의 구원이 되셨으니
내가 주께 감사하리이다 시 118:21

Date   .   .   .

오늘의 감사

1 ....

....

2 ....

....

3 ....

....

4 ....

....

5 ....

....

오늘의 153 체크!

1	하루에 1번 말씀 묵상하기	5	하루에 5가지 감사제목 적기	3	하루에 3번 감사 표현하기

이런 모든 복을 받고도 그분에게 감사하지 않는 사람은
참으로 악한 것이다. 감사하지 않는 것은 아주 무거운 죄이다. 토저

Date　　　.　　　.　　　.

오늘의 감사

1

2

3

4

5

오늘의 153 체크!

1 ☐ 하루에 1번 말씀 묵상하기	5 ☐ 하루에 5가지 감사제목 적기	3 ☐ 하루에 3번 감사 표현하기

12

여호와께 감사하고 그의 이름을 불러 아뢰며
그가 하는 일을 만민 중에 알게 할지어다 시 105:1

Date   .   .   :

오늘의 감사

1

2

3

4

5

오늘의 153 체크!

| 1 하루에 1번 말씀 묵상하기 | 5 하루에 5가지 감사제목 적기 | 3 하루에 3번 감사 표현하기 |

하나님이 거하시는 곳이 두 곳 있는데 하나는 천국이요,
다른 하나는 감사하는 마음이다. 아이작 월턴

13

Date .   .   .

오늘의 감사

1

2

3

4

5

오늘의 153 체크!

1 하루에 1번 말씀 묵상하기   5 하루에 5가지 감사제목 적기   3 하루에 3번 감사 표현하기

14

외식하는 신자는 위급할 때 하나님께 기도할 줄은 안다.
그러나 그 위험에서 건짐받았을 때 감사할 줄은 모른다. 칼빈

Date   .   .   .

오늘의 감사

1

2

3

4

5

오늘의 153 체크!

| 1 | 하루에 1번 말씀 묵상하기 | 5 | 하루에 5가지 감사제목 적기 | 3 | 하루에 3번 감사 표현하기 |

10명의 나병환자가 예수님을 만나 고침을 받았습니다.
10명 모두 놀라운 치유를 맛본 것이지요.
하지만 그 가운데 한 사람만이
예수님에게 돌아와 감사를 표현합니다.
돌아온 그는 큰 소리로 감격하며 전심으로 하나님을 찬양합니다.

그가 맛본 감격과 감사의 핵심은 '예수 만남'이었습니다.
하지만 그 한 명의 감사를 받은 예수님은
마냥 기쁠 수만은 없었습니다.
인생의 참 감사 되신 예수님을 만나지 못한
나머지 아홉 명이 생각나셨기 때문입니다.
예수님은 안타까움과 서운함을 품고
오늘도 이렇게 질문하십니다.

"열 사람이 다 깨끗함을 받지 아니하였느냐?
그 아홉은 어디 있느냐?" 눅 17:17

15

이는 모든 것이 너희를 위함이니 많은 사람의 감사로 말미암아
은혜가 더하여 넘쳐서 하나님께 영광을 돌리게 하려 함이라 고후 4:15

Date   .   .   .

오늘의 감사

1 ....

....

2 ....

....

3 ....

....

4 ....

....

5 ....

....

오늘의 153 체크!

1	하루에 1번 말씀 묵상하기	5	하루에 5가지 감사제목 적기	3	하루에 3번 감사 표현하기

지금 감사할 수 없는 상황일지라도 그 상황에서 감사하면,
그 감사가 능력이 되어 실제로 감사한 일들이 펼쳐진다.

16

오늘의 감사

1

2

3

4

5

오늘의 153 체크!

| 1 | 하루에 1번 말씀 묵상하기 | 5 | 하루에 5가지 감사제목 적기 | 3 | 하루에 3번 감사 표현하기 |

그 안에 뿌리를 박으며 세움을 받아 교훈을 받은 대로
믿음에 굳게 서서 감사함을 넘치게 하라 골 2:7

Date   .   .   .

오늘의 감사

1 ....

....

2 ....

....

3 ....

....

4 ....

....

5 ....

....

오늘의 153 체크!

1 ☐ 하루에 1번 말씀 묵상하기	5 ☐ 하루에 5가지 감사제목 적기	3 ☐ 하루에 3번 감사 표현하기

오늘 우리 시대는 감사를 잃어버린 시대이다.
그렇기 때문에 더욱 감사를 회복해야 한다.

18

Date   .   .   .

오늘의 감사

1 ....
....

2 ....
....

3 ....
....

4 ....
....

5 ....
....

오늘의 153 체크!

| 1 | 하루에 1번 말씀 묵상하기 | 5 | 하루에 5가지 감사제목 적기 | 3 | 하루에 3번 감사 표현하기 |

우리가 너희를 위하여 기도할 때마다 하나님
곧 우리 주 예수 그리스도의 아버지께 감사하노라 골 1:3

Date · · ·

오늘의 감사

1 ....

....

2 ....

....

3 ....

....

4 ....

....

5 ....

....

오늘의 153 체크!

| 1 ☐ 하루에 1번 말씀 묵상하기 | 5 ☐ 하루에 5가지 감사제목 적기 | 3 ☐ 하루에 3번 감사 표현하기 |

불평은 인생 감옥을 만들고, 감사는 인생 감탄을 만든다.
마쓰시타 고노스케

Date   .   .   .

오늘의 감사

1 ....

....

2 ....

....

3 ....

....

4 ....

....

5 ....

....

오늘의 153 체크!

| 1 | 하루에 1번 말씀 묵상하기 | 5 | 하루에 5가지 감사제목 적기 | 3 | 하루에 3번 감사 표현하기 |

21

불행할 때 감사하면 불행이 끝나고,
형통할 때 감사하면 형통이 연장된다. 스펄전

Date   .   .   .

오늘의 감사

1 ....

....

2 ....

....

3 ....

....

4 ....

....

5 ....

....

오늘의 153 체크!

| 1 ☐ 하루에 1번 말씀 묵상하기 | 5 ☐ 하루에 5가지 감사제목 적기 | 3 ☐ 하루에 3번 감사 표현하기 |

미술에서 공백과 여백은 비슷해 보이지만 확연한 차이가 있습니다.
공백은 의미 없는 빈 공간일 뿐이지만,
여백은 작품의 아름다움을 위해 꼭 필요한 비움입니다.
출애굽기 1장 1-7절은 이스라엘 백성들이 애굽에서
노예로 살았던 400년의 시간을 담고 있습니다.
그런데 참 이상합니다.
무려 400년의 역사를 기록하는 데 필요한 공간이 고작 7절뿐이라니…
마치 이스라엘에게 이 시간이
공백이었음을 말하고 싶었던 것 같습니다.

"이스라엘 자손은 생육하고 불어나 번성하고 매우 강하여
온 땅에 가득하게 되었더라" 출 1:7

하지만 이 말씀은 공백처럼 보이는 400년의 시간이
하나님의 일하심을 위한 여백이었음을 말하고 있습니다.
애굽에서 시작된 70여 명의 '이스라엘의 아들들'은 400년 후
장정만 60만 명이 넘는 '이스라엘 자손'이 되었습니다(민 1:46).
하나님은 애굽이라는 강력한 나라를 인큐베이터 삼아
이스라엘을 보호하고 계셨던 것입니다.
우리 인생에도 공백처럼 보이는 순간이 찾아올 수 있습니다.
하지만 하나님의 사랑 안에 있는 자에게는
모든 시간이 공백이 아닌 여백이 됩니다.
이러한 인도하심을 확신한다면 칠흑 같은 어둠 속에서도
믿음으로 감사할 수 있지 않을까요?

22

우리 주 예수 그리스도로 말미암아 우리에게 승리를 주시는
하나님께 감사하노니 고전 15:57

Date   .   .   .

오늘의 감사

1 ....

....

2 ....

....

3 ....

....

4 ....

....

5 ....

....

오늘의 153 체크!

1	하루에 1번 말씀 묵상하기	5	하루에 5가지 감사제목 적기	3	하루에 3번 감사 표현하기

감사하는 마음도 중요하지만 무엇에 감사하느냐도 중요하다.

Date   .   .   .

오늘의 감사

1 ....

....

2 ....

....

3 ....

....

4 ....

....

5 ....

....

오늘의 153 체크!

| 1 | 하루에 1번 말씀 묵상하기 | 5 | 하루에 5가지 감사제목 적기 | 3 | 하루에 3번 감사 표현하기 |

24

내가 입으로 여호와께 크게 감사하며 많은 사람 중에서 찬송하리니
시 109:30

Date .　　.　　.

오늘의 감사

1 ....

....

2 ....

....

3 ....

....

4 ....

....

5 ....

....

오늘의 153 체크!

| 1 하루에 1번 말씀 묵상하기 | 5 하루에 5가지 감사제목 적기 | 3 하루에 3번 감사 표현하기 |

감사는 조건이 아니라 마음의 상태에서 나온다.

25

오늘의 감사

1 ....

....

2 ....

....

3 ....

....

4 ....

....

5 ....

....

오늘의 153 체크!

1	하루에 1번 말씀 묵상하기	5	하루에 5가지 감사제목 적기	3	하루에 3번 감사 표현하기

26

의인이여 너희는 여호와로 말미암아 기뻐하며
그의 거룩한 이름에 감사할지어다 시 97:12

Date   .   .   .

오늘의 감사

1 ....

....

2 ....

....

3 ....

....

4 ....

....

5 ....

....

오늘의 153 체크!

| 1 | 하루에 1번 말씀 묵상하기 | 5 | 하루에 5가지 감사제목 적기 | 3 | 하루에 3번 감사 표현하기 |

감사할 줄 모르는 자를 벌하는 법은 없다.
감사할 줄 모르는 삶 자체가 벌이기 때문이다. 라이프 곱스

27

Date   .   .   .

오늘의 감사

1 ....

....

2 ....

....

3 ....

....

4 ....

....

5 ....

....

오늘의 153 체크!

| 1 | 하루에 1번 말씀 묵상하기 | 5 | 하루에 5가지 감사제목 적기 | 3 | 하루에 3번 감사 표현하기 |

28

여호와여 주께서 지으신 모든 것들이 주께 감사하며
주의 성도들이 주를 송축하리이다 시 145:10

Date   .   .   .

오늘의 감사

1 ....

....

2 ....

....

3 ....

....

4 ....

....

5 ....

....

오늘의 153 체크!

| 1 | 하루에 1번 말씀 묵상하기 | 5 | 하루에 5가지 감사제목 적기 | 3 | 하루에 3번 감사 표현하기 |

감사는 만족하는 마음에서 나옵니다.
많은 사람이 외부의 상황과 조건이 바뀌면
자신의 마음도 만족을 얻으며
행복할 것이라고 확신하곤 합니다.
하지만 그것은 잘못된 믿음입니다.
많은 이들이 세상 것으로 만족을 누릴 수 있다고 착각하지만
그것은 마치 희망 고문과도 같아서
결국엔 실망과 좌절만 안겨줄 뿐입니다.

'만족'은 상황에서 나오는 것이 아니라
하나님으로부터 주어지는 것입니다.
하나님만이 채우실 수 있는 온전한 만족을
가짜로 채우려 하지 마세요.
평강의 주인은 하나님이십니다.
오직 하나님의 생각과 말씀으로 마음을 주장하게 할 때,
진정으로 감사하고 행복할 수 있습니다.

29

할렐루야, 내가 정직한 자들의 모임과 회중 가운데에서
전심으로 여호와께 감사하리로다 시 111:1

Date   .   .   .

오늘의 감사

1

2

3

4

5

오늘의 153 체크!

| 1 ☐ 하루에 1번 말씀 묵상하기 | 5 ☐ 하루에 5가지 감사제목 적기 | 3 ☐ 하루에 3번 감사 표현하기 |

감사는 저절로 생기는 감정이 아니다.
훈련을 통해 감사를 선택할 수 있는 능력을 갖출 수 있다.

Date . . .

오늘의 감사

1

2

3

4

5

오늘의 153 체크!

1	하루에 1번 말씀 묵상하기	5	하루에 5가지 감사제목 적기	3	하루에 3번 감사 표현하기

31

날마다 우리 짐을 지시는 주 곧 우리의 구원이신
하나님을 찬송할지로다 시 68:19

Date   .   .   .

오늘의 감사

1 ....

  ....

2 ....

  ....

3 ....

  ....

4 ....

  ....

5 ....

  ....

오늘의 153 체크!

1 ☐ 하루에 1번 말씀 묵상하기	5 ☐ 하루에 5가지 감사제목 적기	3 ☐ 하루에 3번 감사 표현하기

행복할 조건이 주어져서 감사한 것이 아니라 어떤 상황에서라도
감사할 거리를 찾아낼 수 있는 능력이 있음을 감사하라.

오늘의 감사

1

2

3

4

5

오늘의 153 체크!

| 1 | 하루에 1번 말씀 묵상하기 | 5 | 하루에 5가지 감사제목 적기 | 3 | 하루에 3번 감사 표현하기 |

33

내가 주의 의로운 규례들로 말미암아 밤중에 일어나
주께 감사하리이다 시 119:62

Date   .   .   .

오늘의 감사

1 ....

....

2 ....

....

3 ....

....

4 ....

....

5 ....

....

오늘의 153 체크!

1	하루에 1번 말씀 묵상하기	5	하루에 5가지 감사제목 적기	3	하루에 3번 감사 표현하기

인생의 운전대를 하나님께 온전히 맡겨보라. 전에 없던 희한한 일들이
연속으로 일어나는 것을 경험하게 될 것이다. 그때마다 감사함으로 누리라.

34

Date . . .

오늘의 감사

1

2

3

4

5

오늘의 153 체크!

| | 하루에 1번 말씀 묵상하기 | | 하루에 5가지 감사제목 적기 | | 하루에 3번 감사 표현하기 |

35

범사에 우리 주 예수 그리스도의 이름으로
항상 아버지 하나님께 감사하며 엡 5:20

Date . . .

오늘의 감사

1

2

3

4

5

오늘의 153 체크!

| 1 | 하루에 1번 말씀 묵상하기 | 5 | 하루에 5가지 감사제목 적기 | 3 | 하루에 3번 감사 표현하기 |

우리의 삶은 '선택'의 연속입니다.
아침 식사 메뉴를 정하고 외출복을 고르는 것부터
중요한 거래에 이르기까지 말입니다.
때로 우리는 선택을 앞두고 우왕좌왕하기도 합니다.
하나의 선택이 어떤 결과를 가지고 올지
예측하기 어렵다는 것을 잘 알기 때문입니다.
그래서 중요한 결정일수록 미래는 '불안'으로 다가오기 쉽지요.

하나님은 우리의 일상을 우리에게 위탁하셨지만,
우리를 방관하는 분이 아니십니다.
두려운 미래 앞에서 우리가 어설픈 결정을 할지라도
'일상'이라는 우리의 사명이 무너지지 않는 것은
우리를 능하게 하시는 하나님의 손이 우리 삶을 붙드시어
보호하고 계시기 때문입니다.

오늘 하루, 전쟁 같은 하루를 잘 버텨냈나요?
그렇다면 오늘 당신은 하나님이 사명으로 부여하신 일상을
잘 살아낸 것이며, 하나님의 보호하심이란 기적을 경험한 것입니다.
일상을 살아가고 있는 지금 이 순간,
하나님께 감사의 고백을 올려드리세요.

오늘의 감사

1 ....

....

2 ....

....

3 ....

....

4 ....

....

5 ....

....

오늘의 153 체크!

1 ☐ 하루에 1번 말씀 묵상하기	5 ☐ 하루에 5가지 감사제목 적기	3 ☐ 하루에 3번 감사 표현하기

감사에는 문이 있어서
감사하면 문이 열리고 길이 생긴다.

37

Date   .   .   .

오늘의 감사

1 ....

....

2 ....

....

3 ....

....

4 ....

....

5 ....

....

오늘의 153 체크!

| 1 | 하루에 1번 말씀 묵상하기 | 5 | 하루에 5가지 감사제목 적기 | 3 | 하루에 3번 감사 표현하기 |

38

범사에 감사하라 이것이 그리스도 예수 안에서
너희를 향하신 하나님의 뜻이니라 살전 5:18

Date   .   .   .

오늘의 감사

1

2

3

4

5

오늘의 153 체크!

| 1 | 하루에 1번 말씀 묵상하기 | 5 | 하루에 5가지 감사제목 적기 | 3 | 하루에 3번 감사 표현하기 |

그대의 마음속에 감사가 없다면
그대는 파멸의 노를 젓고 있는 것이다. 제임스 깁슨

Date   .   .   .

오늘의 감사

1 ....
  ....

2 ....
  ....

3 ....
  ....

4 ....
  ....

5 ....
  ....

오늘의 153 체크!

| 1 ☐ 하루에 1번 말씀 묵상하기 | 5 ☐ 하루에 5가지 감사제목 적기 | 3 ☐ 하루에 3번 감사 표현하기 |

40

항상 우리를 그리스도 안에서 이기게 하시고 우리로 말미암아 각처에서
그리스도를 아는 냄새를 나타내시는 하나님께 감사하노라 고후 2:14

Date   .   .   .

오늘의 감사

1

2

3

4

5

오늘의 153 체크!

| 1 | 하루에 1번 말씀 묵상하기 | 5 | 하루에 5가지 감사제목 적기 | 3 | 하루에 3번 감사 표현하기 |

마귀에게는 감사가 없다. 감사는 하나님께 속한 것이고,
불평은 마귀에게 속한 것이다. 마르틴 루터

Date   .   .   .

오늘의 감사

1 ....

   ....

2 ....

   ....

3 ....

   ....

4 ....

   ....

5 ....

   ....

오늘의 153 체크!

1	하루에 1번 말씀 묵상하기	5	하루에 5가지 감사제목 적기	3	하루에 3번 감사 표현하기

오늘의 감사

1 ....

....

2 ....

....

3 ....

....

4 ....

....

5 ....

....

오늘의 153 체크!

1 ☐ 하루에 1번 말씀 묵상하기	5 ☐ 하루에 5가지 감사제목 적기	3 ☐ 하루에 3번 감사 표현하기

하나님께 무엇을 원하는 것은 쉽습니다.

하지만 그 바람에 대한 하나님의 응답을 발견하고,

감사를 표현하는 것은

우리가 너무 자주 놓치는 부분입니다.

생각해보면 내가 지금 너무나 당연히 누리고 있는 일상은

그에 대해 약속을 지켜주신 하나님의 은혜일 것입니다.

오늘 나의 삶이 하나님의 약속의 성취임을 기억하는 것,

그리고 그 약속을 이루신 하나님께 감사를 표현하는 것이

오늘 우리의 모습이면 어떨까요?

43

여호와여 내가 만민 중에서 주께 감사하고 뭇 나라 중에서
주를 찬양하오리니 시 108:3

Date   .   .   .

오늘의 감사

1

2

3

4

5

오늘의 153 체크!

| 1 | 하루에 1번 말씀 묵상하기 | 5 | 하루에 5가지 감사제목 적기 | 3 | 하루에 3번 감사 표현하기 |

마음에 감사의 기념비를 세우고 하나님과 사람들에게
감사하는 마음을 가지면 그 혜택은 나 자신이 받는다.

Date   .   .   .

오늘의 감사

1

2

3

4

5

오늘의 153 체크!

| | 하루에 1번 말씀 묵상하기 | | 하루에 5가지 감사제목 적기 | | 하루에 3번 감사 표현하기 |

45

그리스도의 평강이 너희 마음을 주장하게 하라 너희는 평강을 위하여
한 몸으로 부르심을 받았나니 너희는 또한 감사하는 자가 되라 골 3:15

Date   .   .   .

오늘의 감사

1

2

3

4

5

오늘의 153 체크!

| 1 | 하루에 1번 말씀 묵상하기 | 5 | 하루에 5가지 감사제목 적기 | 3 | 하루에 3번 감사 표현하기 |

집으로 돌아온 탕자가 그의 아버지를 영화롭게 하는 방법은
한탄이 아니라 감사이다. 토저

Date   .   .   .

오늘의 감사

1

2

3

4

5

오늘의 153 체크!

| 1 | 하루에 1번 말씀 묵상하기 | 5 | 하루에 5가지 감사제목 적기 | 3 | 하루에 3번 감사 표현하기 |

47

우리로 하여금 빛 가운데서 성도의 기업의 부분을 얻기에
합당하게 하신 아버지께 감사하게 하시기를 원하노라 골 1:12

Date   .   .   .

오늘의 감사

1 ....

....

2 ....

....

3 ....

....

4 ....

....

5 ....

....

오늘의 153 체크!

| 1 | 하루에 1번 말씀 묵상하기 | 5 | 하루에 5가지 감사제목 적기 | 3 | 하루에 3번 감사 표현하기 |

응답하신 기도에 대한 감사는 그냥 할 수 있는 감사다. 그러나
거절하신 것에 대한 감사는 하나님을 신뢰하는 믿음 없이는 불가능하다.

48

Date . . .

오늘의 감사

1

2

3

4

5

오늘의 153 체크!

1 하루에 1번 말씀 묵상하기   5 하루에 5가지 감사제목 적기   3 하루에 3번 감사 표현하기

49

오직 산 자 곧 산 자는 오늘 내가 하는 것과 같이 주께 감사하며
주의 신실을 아버지가 그의 자녀에게 알게 하리이다 사 38:19

Date   .   .   .

오늘의 감사

1

2

3

4

5

오늘의 153 체크!

| 1 | 하루에 1번 말씀 묵상하기 | 5 | 하루에 5가지 감사제목 적기 | 3 | 하루에 3번 감사 표현하기 |

감사는 나를 지으시고 인도하시는 하나님을 향한
신뢰의 반응이요, 순종의 자리로 나아가게 하는 동력입니다.
즉각적으로 응답해주시는 주님을 향한 감사뿐 아니라
때로는 지금 당장은 이해되지 않고
해석도 되지 않는 삶의 한복판에서라도
그럼에도 불구하고 신실하신 하나님을 향한
신뢰의 반응이 감사로 표현되곤 합니다.

기도와 감사는 하나님께 나아가는 그리스도인의 특권이며 의무입니다.
감사함으로 하나님께 우리의 간구를 아뢸 때,
주님이 주시는 참된 평강과 은혜를 누릴 수 있습니다.
감사를 논하고 정의하기에 앞서,
마음속 깊은 곳에서부터 진심으로 감사하는 자가 되길 바랍니다.
감사의 기도는 우리를 살리고 새롭게 하는 마스터키입니다.

50

또 무엇을 하든지 말에나 일에나 다 주 예수의 이름으로 하고
그를 힘입어 하나님 아버지께 감사하라 골 3:17

Date   .   .   .

오늘의 감사

1

2

3

4

5

오늘의 153 체크!

| 1 | 하루에 1번 말씀 묵상하기 | 5 | 하루에 5가지 감사제목 적기 | 3 | 하루에 3번 감사 표현하기 |

오늘의 감사가 내일의 기적이 된다.

Date   .   .   .

오늘의 감사

1 ....

....

2 ....

....

3 ....

....

4 ....

....

5 ....

....

오늘의 153 체크!

| 1 | 하루에 1번 말씀 묵상하기 | 5 | 하루에 5가지 감사제목 적기 | 3 | 하루에 3번 감사 표현하기 |

52

내게 의의 문들을 열지어다
내가 그리로 들어가서 여호와께 감사하리로다 시 118:19

오늘의 감사

1 ....

....

2 ....

....

3 ....

....

4 ....

....

5 ....

....

오늘의 153 체크!

| 1 ☐ 하루에 1번 말씀 묵상하기 | 5 ☐ 하루에 5가지 감사제목 적기 | 3 ☐ 하루에 3번 감사 표현하기 |

"재앙도 가치가 있구먼. 내 모든 실패가 날아가버렸으니…. 새로 시작하게 해주신 하나님, 감사합니다." 실험실이 화재로 불탔을 때 에디슨의 고백

53

Date   .   .   .

오늘의 감사

1

2

3

4

5

오늘의 153 체크!

| 1 | 하루에 1번 말씀 묵상하기 | 5 | 하루에 5가지 감사제목 적기 | 3 | 하루에 3번 감사 표현하기 |

54

주는 나의 하나님이시라 내가 주께 감사하리이다
주는 나의 하나님이시라 내가 주를 높이리이다 시 118:28

Date .   .   .

오늘의 감사

1

2

3

4

5

오늘의 153 체크!

| 1 | 하루에 1번 말씀 묵상하기 | 5 | 하루에 5가지 감사제목 적기 | 3 | 하루에 3번 감사 표현하기 |

반드시 다시 회복시켜주실 하나님을 향한 믿음이 있기에
감사할 수 있다.

55

Date　　　.　　　.　　　.

오늘의 감사

1

2

3

4

5

오늘의 153 체크!

| 1 | 하루에 1번 말씀 묵상하기 | 5 | 하루에 5가지 감사제목 적기 | 3 | 하루에 3번 감사 표현하기 |

56

주께서 생명의 길을 내게 보이시리니 주의 앞에는 충만한 기쁨이 있고 주의 오른쪽에는 영원한 즐거움이 있나이다 시 16:11

Date   .   .   .

오늘의 감사

1 ....
....

2 ....
....

3 ....
....

4 ....
....

5 ....
....

오늘의 153 체크!

| 1 | 하루에 1번 말씀 묵상하기 | 5 | 하루에 5가지 감사제목 적기 | 3 | 하루에 3번 감사 표현하기 |

감사는 하나님을 바라보는 것입니다.
요셉은 형들의 시기와 질투로 애굽에 노예로 팔려가게 되었습니다.
아버지의 사랑과 관심 속에 자라온 요셉의 삶은
그대로 망가지는 것 같았습니다.
하지만 요셉은 상황보다 더 크신 하나님을 바라보았습니다.
그 믿음의 절정이 바로 이 고백에 나타납니다.

"당신들이 나를 이곳에 팔았다고 해서 근심하지 마소서
한탄하지 마소서 하나님이 생명을 구원하시려고
나를 당신들보다 먼저 보내셨나이다" 창 45:5

요셉은 자신이 애굽에 팔려온 것이 하나님의 섭리였음을 고백합니다.
형들이 팔았기 때문이 아니라 하나님이 보내서 왔다는 것입니다.
보통 우리는 고난 앞에서 남 탓을 하곤 합니다.
하지만 요셉은 남 탓, 상황 탓을 하기보다
배후에 계신 하나님을 보았습니다.
그러자 삶을 해석하는 태도가 바뀌었고,
고난은 도리어 유익이 되었습니다.

오늘 우리 삶에 감사가 없는 이유는
살아 계신 하나님을 보지 못하기 때문이 아닐까요?
나에게 주어진 오늘 하루,
내 삶 속에서 일하시는 하나님을 제대로 볼 수만 있다면
감사는 저절로 회복될 것입니다.

57

우리가 너희를 위하여 항상 하나님께 감사할지니 이것이 당연함은 너희의
믿음이 더욱 자라고 너희가 다 각기 서로 사랑함이 풍성함이니 살후 1:3

Date   .   .   .

오늘의 감사

1 ....

....

2 ....

....

3 ....

....

4 ....

....

5 ....

....

오늘의 153 체크!

| 1 | 하루에 1번 말씀 묵상하기 | 5 | 하루에 5가지 감사제목 적기 | 3 | 하루에 3번 감사 표현하기 |

어려운 상황 속에서도 여전히 하나님을 신뢰하고 있다는
의지의 표현이 감사이다.

58

오늘의 감사

1 ....

....

2 ....

....

3 ....

....

4 ....

....

5 ....

....

오늘의 153 체크!

| 1 □ 하루에 1번 말씀 묵상하기 | 5 □ 하루에 5가지 감사제목 적기 | 3 □ 하루에 3번 감사 표현하기 |

59

다니엘이 이 조서에 왕의 도장이 찍힌 것을 알고도 … 전에 하던 대로 하루 세 번씩 무릎을 꿇고 기도하며 그의 하나님께 감사하였더라 단 6:10

Date   .   .   .

오늘의 감사

1

2

3

4

5

오늘의 153 체크!

1 　하루에 1번 말씀 묵상하기 　　5 　하루에 5가지 감사제목 적기 　　3 　하루에 3번 감사 표현하기

남은 것에 감사하라. 잃은 것, 없어진 것을 한탄할 것이 아니라, 남아 있는 것을 헤아려 감사하라. 2차대전 참전으로 두 팔을 잃은 헤럴드 러셀의 고백

Date . . .

오늘의 감사

1

2

3

4

5

오늘의 153 체크!

| 1 | 하루에 1번 말씀 묵상하기 | 5 | 하루에 5가지 감사제목 적기 | 3 | 하루에 3번 감사 표현하기 |

61

기도를 계속하고 기도에 감사함으로 깨어 있으라 골 4:2

Date　　　.　　　.　　　.

오늘의 감사

1 ....

　 ....

2 ....

　 ....

3 ....

　 ....

4 ....

　 ....

5 ....

　 ....

오늘의 153 체크!

1 □ 하루에 1번 말씀 묵상하기	5 □ 하루에 5가지 감사제목 적기	3 □ 하루에 3번 감사 표현하기

우리는 불평을 가짐으로 불평을 말하게 되는데,
모든 것을 참고 감사하면 불평은 없어진다. 헬렌 켈러

Date   .   .   .

오늘의 감사

1

2

3

4

5

오늘의 153 체크!

하루에 1번 말씀 묵상하기	하루에 5가지 감사제목 적기	하루에 3번 감사 표현하기

63

하나님이 하시는 모든 일이 선하다는 믿음이 있을 때
범사에 감사할 수 있다.

Date   .   .   .

오늘의 감사

1 ....

  ....

2 ....

  ....

3 ....

  ....

4 ....

  ....

5 ....

  ....

오늘의 153 체크!

1	하루에 1번 말씀 묵상하기	5	하루에 5가지 감사제목 적기	3	하루에 3번 감사 표현하기

헬렌 켈러는 생후 19개월 때 열병을 앓은 후
시력을 잃고, 듣지도 못하고, 말도 하지 못하게 되었습니다.
그러나 그녀는 자신의 환경을 탓하며 포기하거나 좌절하지 않았습니다.
도리어 자신의 역경에 대해 하나님께 감사를 고백합니다.
"나는 나의 역경에 대해 하나님께 감사합니다.
왜냐하면 역경 때문에 나 자신, 나의 일,
그리고 나의 하나님을 발견했기 때문입니다."

다니엘은 하나님을 섬긴다는 이유로 위기에 처했습니다.
30일 동안 왕 아닌 다른 신이나 사람에게 기도하면 누구든지
사자 굴에 던져진다는 법이 시행되었기 때문입니다.
그러나 다니엘은 늘 하던 대로 하나님께 기도합니다.
그 기도는 감사 기도였습니다.
감사는 역경 속에서도 좌절하거나 절망하지 않고
새롭게 일어날 수 있는 능력입니다.
더 나아가 감사는 우리가 삶 속에서
더욱 큰 감사를 고백할 수 있는 비결입니다.

64

아무것도 염려하지 말고 다만 모든 일에 기도와 간구로,
너희 구할 것을 감사함으로 하나님께 아뢰라 빌 4:6

Date   .   .   .

오늘의 감사

1 ....

....

2 ....

....

3 ....

....

4 ....

....

5 ....

....

오늘의 153 체크!

1 하루에 1번 말씀 묵상하기	5 하루에 5가지 감사제목 적기	3 하루에 3번 감사 표현하기

나그네 인생길 가운데 하나님이 나와 함께하심을 느낄 때, 그리고 내 형편과
사정을 아시며 내 기도를 듣고 계심을 느낄 때 진정한 감사가 나온다.

Date	.	.	.

오늘의 감사

1 ....

....

2 ....

....

3 ....

....

4 ....

....

5 ....

....

오늘의 153 체크!

1	하루에 1번 말씀 묵상하기	5	하루에 5가지 감사제목 적기	3	하루에 3번 감사 표현하기

66

우리가 너희 모두로 말미암아 항상 하나님께 감사하며
기도할 때에 너희를 기억함은 살전 1:2

Date   .   .   .

오늘의 감사

1 ....
  ....

2 ....
  ....

3 ....
  ....

4 ....
  ....

5 ....
  ....

오늘의 153 체크!

| 1 | 하루에 1번 말씀 묵상하기 | 5 | 하루에 5가지 감사제목 적기 | 3 | 하루에 3번 감사 표현하기 |

감사는 아무리 많이 해도 지나치지 않다. 지혜로우신 하늘의 아버지는
우리가 받은 은사에 대해 감사할 때 비로소 다른 은사를 내려주신다. 토저

67

Date   .   .   .

오늘의 감사

1

2

3

4

5

오늘의 153 체크!

| 1 | ☐ 하루에 1번 말씀 묵상하기 | 5 | ☐ 하루에 5가지 감사제목 적기 | 3 | ☐ 하루에 3번 감사 표현하기 |

68

내가 주의 의로운 판단을 배울 때에는 정직한 마음으로
주께 감사하리이다 시 119:7

Date   .   .   .

오늘의 감사

1 ....

....

2 ....

....

3 ....

....

4 ....

....

5 ....

....

오늘의 153 체크!

| 1 ☐ 하루에 1번 말씀 묵상하기 | 5 ☐ 하루에 5가지 감사제목 적기 | 3 ☐ 하루에 3번 감사 표현하기 |

감사가 없는 사람, 감사할 조건이 있을 때만 감사하는 사람,
환경을 초월하여 감사하는 사람, 당신은 이 셋 중에 어떤 사람인가?

69

Date　　　·　　　·　　　·

오늘의 감사

1

2

3

4

5

오늘의 153 체크!

| | 하루에 1번 말씀 묵상하기 | | 하루에 5가지 감사제목 적기 | | 하루에 3번 감사 표현하기 |

70

여호와 우리 하나님이여 우리를 구원하사 여러 나라로부터 모으시고 우리가
주의 거룩하신 이름을 감사하며 주의 영예를 찬양하게 하소서 시 106:47

Date · · ·

오늘의 감사

1

2

3

4

5

오늘의 153 체크!

1 하루에 1번 말씀 묵상하기   5 하루에 5가지 감사제목 적기   3 하루에 3번 감사 표현하기

염려의 반대말은 감사인 것 같습니다.

'염려'라는 친구가 찾아오면, '감사'라는 친구는 그 자리를 떠납니다.

또 염려는 모든 시선을 나에게로 향하게 만듭니다.

그래서 주변을 볼 수 없게 만들어

다른 사람이 나를 위해 베푼 것을 보지 못하게 하지요.

시야가 좁아지고, 마음이 좁아지고, 관계도 좁아집니다.

그러나 하나님이 주시는 감사는 생활 속에서 평강의 열매를 맺게 합니다.

싸움과 다툼이 가득한 곳에 평강을 가져다주지요.

감사는 평강의 시선으로, 평강의 관계로 우리를 이끌어갑니다.

이런 감사는 하나님으로부터 주어집니다.

나를 아시고, 나를 이해하시고, 나를 용납하시는 하나님.

그분으로부터 절대적인 사랑을 경험하는 순간,

나는 존재 자체로 감사할 수 있습니다.

71

날을 중히 여기는 자도 주를 위하여 중히 여기고
먹는 자도 주를 위하여 먹으니 이는 하나님께 감사함이요 롬 14:6

Date   ·   ·   ·

오늘의 감사

1

2

3

4

5

오늘의 153 체크!

| 1 | 하루에 1번 말씀 묵상하기 | 5 | 하루에 5가지 감사제목 적기 | 3 | 하루에 3번 감사 표현하기 |

감사하라, 그러면 젊어진다. 감사하라, 그러면 발전이 있다.
감사하라, 그러면 기쁨이 있다. 카를 힐티

Date   .   .   .

오늘의 감사

1

2

3

4

5

오늘의 153 체크!

| | 하루에 1번 말씀 묵상하기 | 5 | 하루에 5가지 감사제목 적기 | 3 | 하루에 3번 감사 표현하기 |

여호와여 이러므로 내가 이방 나라들 중에서 주께 감사하며
주의 이름을 찬송하리이다 시 18:49

Date   .   .   .

오늘의 감사

1

2

3

4

5

오늘의 153 체크!

| 1 | 하루에 1번 말씀 묵상하기 | 5 | 하루에 5가지 감사제목 적기 | 3 | 하루에 3번 감사 표현하기 |

감사는 아무리 많아도 지나치지 않다.
사랑이나 친절이 아무리 많아도 지나치지 않은 것처럼 말이다. 토저

74

오늘의 감사

1 ....

....

2 ....

....

3 ....

....

4 ....

....

5 ....

....

오늘의 153 체크!

1	하루에 1번 말씀 묵상하기	5	하루에 5가지 감사제목 적기	3	하루에 3번 감사 표현하기

75

주의 크고 두려운 이름을 찬송할지니
그는 거룩하심이로다 시 99:3

Date　　　　．　　　　．　　　　．

오늘의 감사

1 ....

....

2 ....

....

3 ....

....

4 ....

....

5 ....

....

오늘의 153 체크!

| 1 | 하루에 1번 말씀 묵상하기 | 5 | 하루에 5가지 감사제목 적기 | 3 | 하루에 3번 감사 표현하기 |

아무리 이해심이 깊고 뛰어난 행동을 한다 해도 하나님께로 향한 숭고한
감사의 마음이 없다면, 생명 있는 신앙생활을 할 수 없다. 우찌무라 간조

Date   .   .   .

오늘의 감사

1

2

3

4

5

오늘의 153 체크!

1 하루에 1번 말씀 묵상하기   5 하루에 5가지 감사제목 적기   3 하루에 3번 감사 표현하기

77

말할 수 없는 그의 은사로 말미암아
하나님께 감사하노라 고후 9:15

Date   .   .   .

오늘의 감사

1

2

3

4

5

오늘의 153 체크!

1 ☐ 하루에 1번 말씀 묵상하기   5 ☐ 하루에 5가지 감사제목 적기   3 ☐ 하루에 3번 감사 표현하기

성전 건축을 위해 자신의 전 재산을 내어드린
다윗은 뛸듯이 기뻤습니다.
자기 소유를 거의 다 포기했는데도 말입니다.
그가 감사할 수 있었던 이유는 '드림의 기쁨'을 경험했기 때문입니다.
감사는 '움켜잡음'에서 나오는 것이 아니라
'내어드림'에서 시작됩니다.

A. 트롤로프는 이런 말을 했습니다.
"감사의 최선의 방법은 하나님이 주신 것들을 사용하는 것이다."
감사의 삶을 살고 싶나요?
그렇다면 주님을 위해, 이웃을 위해
내 손에 들린 것을 사용해보기 바랍니다.
진정한 감사는 '주께 받은 것'으로 인해 드려지는 것이 아니라
'주께 내어드림'을 통해 경험할 수 있습니다.

하나님께 감사하리로다 너희가 본래 죄의 종이더니
너희에게 전하여 준 바 교훈의 본을 마음으로 순종하여 롬 6:17

Date   .   .   .

오늘의 감사

1

2

3

4

5

오늘의 153 체크!

| 1 | 하루에 1번 말씀 묵상하기 | 5 | 하루에 5가지 감사제목 적기 | 3 | 하루에 3번 감사 표현하기 |

구원의 감격이 흘러넘칠 때
환경을 초월한 깊은 감사를 드릴 수 있다.

Date   .   .   .

오늘의 감사

1

2

3

4

5

오늘의 153 체크!

| 1 | 하루에 1번 말씀 묵상하기 | 5 | 하루에 5가지 감사제목 적기 | 3 | 하루에 3번 감사 표현하기 |

80

감사함으로 그의 문에 들어가며 찬송함으로 그의 궁정에 들어가서
그에게 감사하며 그의 이름을 송축할지어다 시 100:4

Date   .   .   .

오늘의 감사

1

2

3

4

5

오늘의 153 체크!

| 1 | 하루에 1번 말씀 묵상하기 | 5 | 하루에 5가지 감사제목 적기 | 3 | 하루에 3번 감사 표현하기 |

우리에게는 감사할 근본적인 조건, 즉 예수 그리스도의 십자가가 있다.
그 은혜에 대한 감사를 회복할 때 우리 삶에 능력이 나타난다.

Date   .   .   .

오늘의 감사

1

2

3

4

5

오늘의 153 체크!

| 1 | 하루에 1번 말씀 묵상하기 | 5 | 하루에 5가지 감사제목 적기 | 3 | 하루에 3번 감사 표현하기 |

82

먼저 내가 예수 그리스도로 말미암아 너희 모든 사람에 관하여
내 하나님께 감사함은 너희 믿음이 온 세상에 전파됨이로다 롬 1:8

Date   .   .   .

오늘의 감사

1

2

3

4

5

오늘의 153 체크!

1 ☐ 하루에 1번 말씀 묵상하기   **5** ☐ 하루에 5가지 감사제목 적기   **3** ☐ 하루에 3번 감사 표현하기

주 하나님! 저를 창조하신 목적을 제가 받아들이게 하소서. 당신이
그토록 원하시는 감사와 찬양이 제 삶에서 흘러나오게 하소서. 토저

Date   .   .   .

오늘의 감사

1 ....

....

2 ....

....

3 ....

....

4 ....

....

5 ....

....

오늘의 153 체크!

| 1 | 하루에 1번 말씀 묵상하기 | 5 | 하루에 5가지 감사제목 적기 | 3 | 하루에 3번 감사 표현하기 |

84

이르되 감사하옵나니 옛적에도 계셨고 지금도 계신 주 하나님
곧 전능하신 이여 친히 큰 권능을 잡으시고 왕 노릇 하시도다 계 11:17

Date   .   .   .

오늘의 감사

1

2

3

4

5

오늘의 153 체크!

| 1 | 하루에 1번 말씀 묵상하기 | 5 | 하루에 5가지 감사제목 적기 | 3 | 하루에 3번 감사 표현하기 |

우리나라의 대표적인 가을 과일로
감과 사과를 꼽을 수 있을 것 같습니다.
말장난 같지만 감에서는 '감사'가, 사과에서는 '용서'가 연상됩니다.
그래서 이 두 과일이 많은 사람들에게 사랑받는
국민 과일이 된 게 아닌가 싶습니다.
우리 역시 탐스럽게 익은 제철 과일처럼 사랑받는 인생을 살려면
'감사'와 '용서'가 꼭 필요한 게 아닐까요?

감사와 용서는 동전의 양면처럼 하나로 연결되어 있습니다.
우리가 하나님께 받은 용서와 구원의 기쁨을 깨닫는다면,
감사하지 못할 것이 없지요.
마태복음 18장에는 일만 달란트의 빚을 탕감받았지만
백 데나리온 빚진 동료를 용서하지 못하는 종이 등장합니다.
일만 달란트의 빚을 탕감받은 감사를 잊었기 때문입니다.
우리가 일만 달란트 빚을 탕감받은 종이란 사실을 깨닫는다면
감사치 못할 상황이 없고, 용서치 못할 사람이 없을 것입니다.

달콤한 '감'으로 감사를 표현하고
향긋한 '사과'로 서로 용서하고 용서받는
달콤하고 향긋한 오늘 하루가 되면 어떨까요?

85

감사함으로 여호와께 노래하며 수금으로 하나님께 찬양할지어다
시 147:7

Date　　　　.　　　.　　　.

오늘의 감사

1

2

3

4

5

오늘의 153 체크!

| 1 | ☐ 하루에 1번 말씀 묵상하기 | 5 | ☐ 하루에 5가지 감사제목 적기 | 3 | ☐ 하루에 3번 감사 표현하기 |

그분의 섭리가 만들어내는 환경으로 인해
날마다 그분께 감사해야 한다. 토저

Date   .   .   .

오늘의 감사

1 ....

  ....

2 ....

  ....

3 ....

  ....

4 ....

  ....

5 ....

  ....

오늘의 153 체크!

| 1 | 하루에 1번 말씀 묵상하기 | 5 | 하루에 5가지 감사제목 적기 | 3 | 하루에 3번 감사 표현하기 |

87

누추함과 어리석은 말이나 희롱의 말이 마땅치 아니하니
오히려 감사하는 말을 하라 엡 5:4

Date   .   .   .

오늘의 감사

1

2

3

4

5

오늘의 153 체크!

| 1 | 하루에 1번 말씀 묵상하기 | 5 | 하루에 5가지 감사제목 적기 | 3 | 하루에 3번 감사 표현하기 |

감사는 우리의 영적인 상태를 점검하는 잣대가 된다.

Date   .   .   .

오늘의 감사

1 ....
  ....

2 ....
  ....

3 ....
  ....

4 ....
  ....

5 ....
  ....

오늘의 153 체크!

| 1 | 하루에 1번 말씀 묵상하기 | 5 | 하루에 5가지 감사제목 적기 | 3 | 하루에 3번 감사 표현하기 |

89 우리가 우리 하나님 앞에서 너희로 말미암아 모든 기쁨으로 기뻐하니 너희를 위하여 능히 어떠한 감사로 하나님께 보답할까 살전 3:9

Date   .   .   .

오늘의 감사

1

2

3

4

5

오늘의 153 체크!

| 1 ☐ 하루에 1번 말씀 묵상하기 | 5 ☐ 하루에 5가지 감사제목 적기 | 3 ☐ 하루에 3번 감사 표현하기 |

감사는 하나님께서 귀하게 보시는 제물이다. 아무리 가난해도
감사의 제물을 바칠 수 있으며, 절대 더 가난해지지 않는다. 토저

Date . . .

오늘의 감사

1 ....

....

2 ....

....

3 ....

....

4 ....

....

5 ....

....

오늘의 153 체크!

| 1 | 하루에 1번 말씀 묵상하기 | 5 | 하루에 5가지 감사제목 적기 | 3 | 하루에 3번 감사 표현하기 |

91

순종의 제사를 드릴 때 감사의 폭이 넓어진다.

Date   .   .   .

오늘의 감사

1

2

3

4

5

오늘의 153 체크!

| 1 | 하루에 1번 말씀 묵상하기 | 5 | 하루에 5가지 감사제목 적기 | 3 | 하루에 3번 감사 표현하기 |

사무엘이 돌을 취하여 미스바와 센 사이에 세워 이르되
여호와께서 여기까지 우리를 도우셨다 하고
그 이름을 에벤에셀이라 하니라 삼상 7:12

인간은 망각의 동물이라고 하지요.
우리는 받은 은혜를 잊기가 쉽습니다.
그렇기 때문에 하나님의 도우심을 받을 때마다
감사로 기념비를 세워가야 합니다.
하나님의 도우심을 기억하며 세워간 감사의 기념비는
훗날 여기까지 도우신 하나님께서 앞으로도 도우실 것을 바라보는
소망의 기념비가 될 것입니다.

하나님이여 우리가 주께 감사하고 감사함은 주의 이름이 가까움이라
사람들이 주의 기이한 일들을 전파하나이다 시 75:1

Date   .   .   .

오늘의 감사

1

2

3

4

5

오늘의 153 체크!

| 1 | 하루에 1번 말씀 묵상하기 | 5 | 하루에 5가지 감사제목 적기 | 3 | 하루에 3번 감사 표현하기 |

감사하는 행위, 그것은 벽에다 던지는 공처럼 언제나
자기 자신에게로 돌아온다. 이어령

Date   .   .   .

오늘의 감사

1 ....

....

2 ....

....

3 ....

....

4 ....

....

5 ....

....

오늘의 153 체크!

1 하루에 1번 말씀 묵상하기	5 하루에 5가지 감사제목 적기	3 하루에 3번 감사 표현하기

94

내가 기도할 때에 기억하며 너희로 말미암아 감사하기를
그치지 아니하고 엡 1:16

오늘의 감사

1 ....
  ....

2 ....
  ....

3 ....
  ....

4 ....
  ....

5 ....
  ....

오늘의 153 체크!

| 1 ☐ 하루에 1번 말씀 묵상하기 | 5 ☐ 하루에 5가지 감사제목 적기 | 3 ☐ 하루에 3번 감사 표현하기 |

당신이 바로 나의 감사제목입니다.

Date   .   .   .

오늘의 감사

1 ....

....

2 ....

....

3 ....

....

4 ....

....

5 ....

....

오늘의 153 체크!

1 ☐ 하루에 1번 말씀 묵상하기	5 ☐ 하루에 5가지 감사제목 적기	3 ☐ 하루에 3번 감사 표현하기

96

찬양으로 화답하며 여호와께 감사하여 이르되 주는 지극히
선하시므로 그의 인자하심이 이스라엘에게 영원하시도다 스 3:11

Date   .   .   .

오늘의 감사

1 ....

....

2 ....

....

3 ....

....

4 ....

....

5 ....

....

오늘의 153 체크!

| 1 ☐ 하루에 1번 말씀 묵상하기 | 5 ☐ 하루에 5가지 감사제목 적기 | 3 ☐ 하루에 3번 감사 표현하기 |

세상에서 가장 지혜로운 사람은 끊임없이 배우는 사람이고
세상에서 가장 행복한 사람은 감사하며 사는 사람이다. 탈무드

Date   .   .   .

오늘의 감사

1

2

3

4

5

오늘의 153 체크!

	하루에 1번 말씀 묵상하기		하루에 5가지 감사제목 적기		하루에 3번 감사 표현하기

말로 표현되는 감사는 그 감사를 하는 사람에게는 치유의 효과를
주고, 그 감사의 말을 듣는 사람에게는 선한 영향을 준다. 토저

Date   .   .   .

오늘의 감사

1

2

3

4

5

오늘의 153 체크!

| 1   하루에 1번 말씀 묵상하기 | 5   하루에 5가지 감사제목 적기 | 3   하루에 3번 감사 표현하기 |

우리의 감사는

하나님께 올리는 영광입니다.
이는 모든 것이 너희를 위함이니 많은 사람의 감사로 말미암아
은혜가 더하여 넘쳐서 하나님께 영광을 돌리게 하려 함이라 고후 4:15

창조주 하나님을 향한 신앙고백입니다.
태초에 하나님이 천지를 창조하시니라 창 1:1

구원에 대한 감격입니다.
하나님이 세상을 이처럼 사랑하사 독생자를 주셨으니
이는 그를 믿는 자마다 멸망하지 않고 영생을 얻게 하려 하심이라 요 3:16

은혜에 대한 보답입니다.
내게 주신 모든 은혜를 내가 여호와께 무엇으로 보답할까
내가 주께 감사제를 드리고 여호와의 이름을 부르리이다 시 116:12,17

하나님의 뜻을 이루는 순종입니다.
범사에 감사하라 이것이 그리스도 예수 안에서 너희를 향하신
하나님의 뜻이니라 살전 5:18

99

주께서 이를 행하셨으므로 내가 영원히 주께 감사하고 주의 이름이
선하시므로 주의 성도 앞에서 내가 주의 이름을 사모하리이다 시 52:9

Date   .   .   .

오늘의 감사

1

2

3

4

5

오늘의 153 체크!

1 ☐ 하루에 1번 말씀 묵상하기   5 ☐ 하루에 5가지 감사제목 적기   3 ☐ 하루에 3번 감사 표현하기

매일매일의 감사 습관이 낙담할 수밖에 없는 현실이라 해도
우리를 성장시키는 원동력이 된다.

Date.   .   .

오늘의 감사

1

2

3

4

5

오늘의 153 체크!

| 1 | 하루에 1번 말씀 묵상하기 | 5 | 하루에 5가지 감사제목 적기 | 3 | 하루에 3번 감사 표현하기 |

설교제목 ....

본   문 ....

키 워 드 ....

....

....

....

....

....

....

....

....

....

....

....

....

적용

설교제목

본 문

키 워 드

적용

설교제목 ....

본 문 ....

키 워 드 ....

....

....

....

....

....

....

....

....

....

....

....

....

적용

설교제목

본　문

키 워 드

적용

설교제목 ....

본   문 ....

키 워 드 ....

적용

Date   .   .   .   설교자

설교제목

본   문

키 워 드

적용

설교제목

본   문

키 워 드

적용

설교제목 ....

본   문 ....

키 워 드 ....

....

....

....

....

....

....

....

....

....

....

적용

설교제목

본 문

키 워 드

적용

설교제목 ....

본   문 ....

키 워 드 ....

....

....

....

....

....

....

....

....

....

....

적용

설교제목

본   문

키 워 드

적용

설교제목

본   문

키 워 드

적용

설교제목 ....

본   문 ....

키 워 드 ....

....

....

....

....

....

....

....

....

....

....

적용

설교제목 ....

본   문 ....

키 워 드 ....

....

....

....

....

....

....

....

....

....

....

....

적용

설교제목 ....

본　　문 ....

키 워 드 ....

....

....

....

....

....

....

....

....

....

....

....

적용

설교제목 ....

본 문 ....

키 워 드 ....

....

....

....

....

....

....

....

....

....

....

....

적용

설교제목 ....

본　　문 ....

키 워 드 ....

....

....

....

....

....

....

....

....

....

....

....

....

적용

설교제목 ....

본 　 문 ....

키 워 드 ....

....

....

....

....

....

....

....

....

....

....

적용

153 감사노트 - 믿음

초판 1쇄 발행	2019년 3월 25일
초판 81쇄 발행	2023년 7월 13일

지은이 　이찬수

펴낸이	여진구		
책임편집	이영주		
편집	박소영 최현수 안수경 김도연 김아진 정아혜		
책임디자인	노지현	마영애 조은혜 이하은		
홍보·외서	진효지		
마케팅	김상순 강성민	마케팅지원	최영배 정나영
제작	조영석	경영지원	김혜경 김경희 이지수

303비전성경암송학교 유니게 과정 박정숙
이슬비전도학교 / 303비전성경암송학교 / 303비전꿈나무장학회

펴낸곳 　규장

주소 　06770 서울시 서초구 매헌로 16길 20(양재2동) 규장선교센터
전화 02)578-0003 　팩스 02)578-7332
이메일 kyujang0691@gmail.com 　　홈페이지 www.kyujang.com
페이스북 facebook.com/kyujangbook 　인스타그램 instagram.com/kyujang_com
카카오스토리 story.kakao.com/kyujangbook
등록일 1978.8.14. 제1-22

책값 　뒤표지에 있습니다.
ISBN 978-89-6097-571-2 03230

규 | 장 | 수 | 칙

1. 기도로 기획하고 기도로 제작한다.
2. 오직 그리스도의 성품을 사모하는 독자가 원하고 필요로 하는 책만을 출판한다.
3. 한 활자 한 문장에 온 정성을 쏟는다.
4. 성실과 정확을 생명으로 삼고 일한다.
5. 긍정적이며 적극적인 신앙과 신행일치에의 안내자의 사명을 다한다.
6. 충고와 조언을 항상 감사로 경청한다.
7. 지상목표는 문서선교에 있다.

하나님을 사랑하는 자 곧 그의 뜻대로 부르심을 입은 자들에게는 모든 것이 合力하여 善을 이루느니라(롬 8:28)

규장은 문서를 통해 복음전파와 신앙교육에 주력하는 국제적 출판사들의 협의체인 복음주의출판협회(E.C.P.A:Evangelical Christian Publishers Association)의 출판정신에 동참하는 회원(Associate Member)입니다.